Los animales

Mari Robles

Thomas Kitchin & Victoria Hurst/All Canada Photos/Getty Images

Yo veo el mono.
¡Tu mamá te mima,
monito!

Ann and Steve Toon/Alamy Stock Photo

Yo veo las palomas
y el palomito.
Pu, pu, pu...

Yo veo el gato.
¿Te toco, gatito?

Yo veo el topo.
¡Él no me ve!

Yo veo el tucán.
Tu, tu, tu... ¡Tucán!

Kevin Schafer/The Image Bank/Getty Images

Yo veo el puma
y su mamá.

Yo veo el toro.
¡Mírame, torito!